SENTENCE
DU BAILLY DE ROUEN,

TOUCHANT UNE REDEVANCE SINGULIÈRE

Imposée aux Moines de Saint-Ouen,

ET APPELÉE

L'Oison bridé.

EXTRAIT DES ARCHIVES DE L'HOTEL-DE-VILLE DE ROUEN.

*Du samedy, septyesme jour de septembre, mil six cents deux,
en jugement devant monsieur Cavelier lieutenant.*

Entre les fermiers, année présente, des moullins à baon (*ban*)
apartenant à l'hostel commun de ceste ville de Rouen, de-
mandeurs, comparents par honnorable homme Guillaume Bonnard, commissaire desdits moullins, présent, et par Dauoult
leur procureur, d'une part ; et noble homme Robert Gosselin,
sieur du Baudrouart, recepveur général de l'abaye de sainct
Ouin de ceste ditte ville, poursuyvi affin de soy voir comp-
damner à faire amende un oyson, marchand par terre, conduict par deux hommes tenans chacun le boult des aisles,
avec un lais de soye au col, et deux joueurs devant ledict
oyson, et ce despuis le dict lieu et esglize sainct Ouain jusques
au grand moullin apartenant à ladite ville ; mesmes de faire
apporter deux cruches plaines de vin, deux miches, deux gros
poullets, et deux plats de pez (*pets*) de preude-femmes, avec les
piesses de bœuf, et de lard. Toutes lesquelles choses cydessus,
ledit sieur abbé ou recepveur de ladite abaye estoient tenus
livrer ausditz fermiers, le dimanche prochain d'après la feste de

Monsr Sainct Barthelemy, suyvant les lettres et piesses portés par les sieurs conseillers et eschevins de ladite ville, et [ainsi] qu'il aparoistra par le bail faict de la dite recepte audict sieur du Bosc-Drouart, et ainsy que de tout temps et antienneté il a esté accoustumé, et à la continuation, à l'advenir, des dites redevances cy dessus spéciffiées et désignées ; accordants iceux fermiers, en ce faisant, recepvoir ledit oyson dans un vent (*van*). Ou, à leurs reffus de ce faire, voir descharger lesdits fermiers, ores et pour l'advenir, de la faisance et contynuation de quatre vingts livres tournois de rente, deubz à ladite abaye, et qu'ilz ont droit d'avoir et prendre, sur lesdits moullins, à cause desdites submissions et redevances cy dessus. Comparant ledict sieur Gosselin, en personne, et par Le Nepveu son procureur d'aultre part, et les sieurs conseillers et eschevins de ceste ditte ville de Rouen, faictz venir par lesditz fermiers, et leur ayant donné adjonction à ladite poursuitte, et soustenu à bonne cause icelle, saouf et sans presjudice de plusieurs années d'arriérages par eux prétendues, et demandes des chosses cy dessus speciffiées et déclarées. Comparent lesditz par honnorable homme Jourdain Cavelier, ayant la conduitte et sollicitation des affaires de laditte ville, présent, et par Perdix (Perdrix) leur procureur d'une aultre part. Partyes ouyes, sur ladite poursuite, et après que ledit sieur du Bosc-Drouart, comparent comme dessus, a déclaré quil ne vouloit en plus avent demeurer en procès sur icelle ; obéyssant fournir et livrer ledit oyson et choses dessus dittes, audit jour de dimenche prochain, ensuyvant ledit jour et feste de Monsr Sainct Barthelemy, à commencer en ceste dite année ; mais qu'il supplioyt lesditz sieurs de ville le dispenser de faire conduire et mener ledit oyson par les rues, accompagné desdits deux hommes tenantz icelluy par les deux boutz des aylles, ayant ledit cordon de soye à son col ; mesme d'estre dispensé desdits deux joueurs d'instruments, attendu que cella tournoit à irrision et moquerie. Et, par lesdits sieurs, comparent comme dessus, a esté dict que, quand à présent, ils acceptoient l'offre dudict sieur du Bosc-Drouart recepveur, sans toutesfois que cella les puisse préjudicier, ou leurs successeurs, à asubjectir ledit sieur, ou aultres recepveurs et abbé, à fournir au contenu de la totalle redevance et submissions, en essence cy dessus désignés et spécifiés; demandant avoir lettre de la recongnoissance et obéyssance cy dessus, faicte par ledit sieur du Bosc-Drouart recepveur. Sur quoy et l'accord desdites partyes, il est dict que lesditz sieurs de ville auront lettre de ladite recongnoissance et obéyssance cy dessus; et, suyvant icelle, ledict sieur abbé de sainct Ouain ou recepveur en icelle [abbaye], a esté et est condamné à livrer, ledit jour de dimenche, prochain dudict jour et feste de Monsr de Sainct Barthelemy dernier passé, et à l'advenir, audict grand moullin à ban de ceste ditte ville de Rouen, ledict oyson, avec lesditz deux cruches plaines de vin, deux miches, deux gros poullets, et deux plats plains de pez de preude-femme, avec lesdites piesses de bœuf et lard, et à la contynuation d'icelle à l'advenir; saouf et sans presjudice des arriérages eschubz en précédent, à quoy lesditz sieurs demeurent entiers et reservés; et néantmointz ledict sieur abbé ou recepveur, quand à présent, et sans tirer en consequence pour l'advenir, dispencent de faire conduire et mener ledict oyson par les rues, ayant lediz lais de soye à son col, de ladite abbaye de sainct Ouain jusques au dict grand moullin, conduict par deux hommes tenant chacun le bout des aylles, deux joueurs devant lui, sans tirer en conséquence, et que cella puisse cy-apprès presjudicier lesdits sieurs de ville, ou leurs successeurs, à asubjectir, cy-aprés et à l'advenir, lesdits abbé et recepveur, de livrer en essence lesdites redevances et submissions cy désignées et spécifiées, à quoy ils demeurent entiers et reservés, et les partyes envoyés hors de court et de procès. Signé Gosselin et Bonnard, chacun un paraphe, et Perdrix avec un aultre paraphe.

LETTRES PATENTES,

SUR ARRÊT DU CONSEIL D'ÉTAT,

EN FAVEUR

De Richard Gontran Lallemant,

ÉCUYER,

PORTANT QUE L'IMPRIMERIE RESTERA DANS SA FAMILLE,

DE MALES EN MALES,

A TITRE DE PRIVILÈGE HÉRÉDITAIRE,

SANS DÉROGER A LA NOBLESSE.

Arrêt du Conseil.

Le Roy étant informé que l'imprimerie, cet art si utile qui assure aux connoissances humaines une existence durable, et qui, par son influence sur les sciences, la police de l'état, les mœurs et la religion, mérite une protection singulière, a été apportée à Rouen, dans le temps où elle prenoit naissance en Allemagne; de sorte que cette ville peut être considérée comme le berceau de cet art qu'elle a contribué à étendre, dans différentes parties du royaume. Sa Majesté s'étant fait rendre compte des circonstances particulières de cet établissement en la ville de Rouen, auroit reconnu qu'il est dû au soin et au zèle des ancestres du sieur Richard Gontrant Lallemand, écuier, ancien premier échevin de ladite ville, qui ont fait les plus grands sacrifices pour en accélérer et multiplier les progrès; conformément à ce qui est énoncé dans un acte des délibérations d'assemblée générale de notables des divers états de la ville de Rouen, du 16 juillet 1494; titre honorable et plein de gratitude envers les sieurs Lallemant, où il est dit que ceux qui firent cet établissement furent «sires Pierre, Jean, Guillaume et « Robert Lallemant, d'ancienne lignée et noble nativité de ladite ville, « et leur devancier sire Richard Lallemant, écuier, sieur de Caron»; qu'ils avoient fait venir l'imprimerie de l'Allemagne, dont ils étoient ancienne-

ment originaires, par un nommé Martin Morin, de Rouen, auquel ils don-
nèrent établissement, ainsi qu'à Pierre Maufer et autres, tant nobles que
non nobles, dont un grand nombre se répartit à Paris et autres lieux.
Que les ancestres dudit sieur Lallemant, par cette bienfaisance patrio-
tique, ont ajouté un nouveau lustre à celui de leur famille, également
distinguée par l'ancienneté de son origine qu'elle tire du sieur Henry
Le Conterey, chevalier banneret, surnommé Lallemant ; par des al-
liances dignes de leur extraction, et par les fonctions qu'ils ont remplies
dans la mairie, dans l'échiquier de Normandie et dans les grades mili-
taires, fonctions qu'ils ont su concilier avec l'administration de l'imprimerie et les travaux littéraires. Sa Majesté aurait également reconnu
que Jean et Richard Lallemant, petit-fils de Robert Lallemand, écuïer,
capitaine général et commandant pour le Roy, en la ville de Rouen, et
fils de Richard, aussi officier pour le Roy, et d'Isabeau Deschamps,
petite nièce du cardinal du même nom, furent ruinés par les dépenses
considérables de leurs auteurs pour l'établissement de l'imprimerie, et
que cette époque de leur ruine fut celle d'un nouveau témoignage
d'estime et de bienfaisance de la part de leurs concitoyens, dans une
assemblée générale du 8 juin 1544, où la ville les gratifia avec une géné-
rosité digne du corps représentatif de la cité, et voulut encore qu'ils
fussent contractés dans l'état d'imprimerie, dont leurs pères étoient les
fondateurs ; qu'un desdits enfants, Richard Lallemant, écuier, qua-
trième aïeul du sieur Lallemant, a conservé, ainsi que ses descendants, l'état dans lequel la ville les avait placés, et que depuis ils
se sont également fait considérer dans les places de magistrature,
les offices municipaux, et par leurs travaux littéraires, aïant continué
d'exercer l'imprimerie d'une manière noble et avec distinction, ainsi
qu'il est constaté par acte de notoriété du gouverneur de la province, du trente juin, et celui des seigneurs et gentilshommes, du 15
juin 1773, auquel le corps municipal de Rouen a joint son témoignage
public, par acte du 2 juillet suivant. Sa Majesté voulant exciter de plus
en plus, en sa ville de Rouen, les sentiments d'émulation qui y sont si
naturels et perpétuer, dans ladite ville, le souvenir d'un service rendu
par un établissement aussi important que celui de l'imprimerie, dont
l'époque doit toujours être mémorable, et qu'il reste un monument qui
porte le caractère de cet établissement, qui, en rappelant au corps de
l'imprimerie de la ville de Rouen son lustre et son ancienneté, soit pour

elle un motif de se distinguer par l'exactitude et par des travaux utiles; Sa Majesté voulant aussi donner au sieur Lallemant une marque particulière de sa bonté et de sa bienveillance, le récompenser des services que lui et ses ancestres ont rendu à l'état, et perpétuer dans sa famille l'imprimerie d'une manière relative à l'état primitif de l'établissement qu'elle en a fait ; ouy le rapport et tout considéré, le Roy étant en son conseil, de l'avis de M. le Garde des sceaux, a ordonné et ordonne ce qui suit :

ARTICLE Ier

L'imprimerie que possède actuellement dans la ville de Rouen le sieur Lallemant, et que lui et ses auteurs ont toujours conservée depuis son établissement, restera dans sa famille, comme un monument honorable, à titre de privilége héréditaire, pour être à perpétuité possédée par les descendants du sieur Lallemant, de maslés en masles.

ARTICLE II.

Ordonne Sa Majesté que ceux qui exerceront ladite imprimerie soient dès maintenant et à toujours séparés de toute espèce de corps et communauté, sans être tenus de s'y faire recevoir ni aggréger, ni d'en païer les charges, et restera ladite imprimerie seulement assujettie à la police ou inspection du magistrat chargé, par M. le chancelier ou M. le gardé dessceaux, de la direction de l'imprimerie de la ville de Rouen.

ARTICLE III.

Chacun desdits descendants qui exercera ledit privilége, sera tenu de prester serment entre les mains de M. le chancelier ou de M. le garde-des-sceaux, ou devant telle personne qu'il leur plaira commettre.

ARTICLE IV.

Ledit privilége accordé à la famille des sieurs Lallemant ne pourra être divisé ; veut en conséquence Sa Majesté, que celui des descendants qui en aura l'exercice exclue tous les autres, et les empêche, tant qu'il exercera, de l'exercer et d'en jouir.

ARTICLE V.

Dans le cas où celui desdits descendants à qui, par ordre héréditaire ou partage de succession, échoira le droit dudit privilége, ne puisse l'exercer par lui-même, il lui sera permis de présenter, à M. le chancellier ou à M. le garde-des-sceaux, un sujet capable dans l'art de l'imprimerie, pour, sur l'agrément obtenu de M. le chancelier ou de M. le garde-des-sceaux, régir ladite imprimerie, au nom et pour le compte dudit descendant, suivant les conventions qui seront faites entre eux, et le faire jouir dudit privilége, sans qu'en aucun temps l'exercice de ladite imprimerie puisse préjudicier en rien, aux sieurs Lallemant, aux droits et prérogatives de leur noblesse.

ARTICLE VI.

Seront, au surplus, lesdits sieurs Lallemant, tenus à se conformer, pour leurs livres et impressions, aux réglements concernants l'imprimerie et librairie, en ce qui n'y est dérogé par le présent arrêt, dérogeant pour tout ce que dessus à tous édits, déclarations, lettres patentes, arrêts et réglements, en tout ce qui pourroit y être contraire, et sera ledit arrêt exécuté suivant sa forme et teneur, nonobstant toutes oppositions, troubles, empêchements de quelque nature qu'ils puissent être, et dont, si aucuns interviennent, Sa Majesté s'en réserve, et à son conseil, la connoissance, et seront, sur le présent arrêt, toutes lettres patentes nécessaires expédiées. Fait au conseil d'état du Roy, Sa Majesté y étant, tenu à Versailles, le dix-neuf novembre, mil sept cent soixante-quinze.

Signé BERTIN.

Suivent les Lettres Patentes.

LOUIS, par la grâce de Dieu, Roy de France et de Navarre, à nos amés et féaux conseillers, les Gens tenant notre Cour de Parlement de Rouen, salut. Occupé du soin de protéger et faire fleurir les arts et les sciences dans notre royaume, et de donner des témoignages particuliers de distinction à ceux de nos sujets qui se sont signalés par des établissements avantageux à notre état; étant informés que l'imprimerie, cet art si utile, qui assure aux connaissances humaines une existence durable, etc.....

Le reste, dans la même forme et teneur que dans l'Arrêt du Conseil, qui précéde; et terminé, après ces mots de l'article vi: *En tout ce qui pourroit y être contraire*, par le protocole ordinaire : *Si vous mandons, etc.* Et plus bas :

Donné à Versailles, le dix-neuf novembre, l'an de grace mil sept cent soixante-quinze, et de notre règne le deuxième. *Signé* LOUIS. Par le Roy ; *Signé* BERTIN.

Registrées au Parlement le vingt-quatre février ; à la chambre des Comptes et au Bureau des finances, les dix-sept et vingt-un juin 1776.

PIÈCES JUSTIFICATIVES

MENTIONNÉES DANS L'ACTE CI-DESSUS

ET TRANSCRITES A LA SUITE.

EXTRAIT
DU REGISTRE DES DÉLIBÉRATIONS DE L'HÔTEL-DE-VILLE DE ROUEN.
Commencé le 22ᵉ juillet 1491, fᵒ 147 et 148.

(D'après la copie insérée dans les Registres du Parlement.)

Du Mercredi 16ᵉ jour de juillet 1494, devant sire Pierre Daré, lieutenant, et MM. les conseillers et notables bourgeois.

Délibéré fu pour et au regard de la présentation et donation qui fu faicte à MM. les conseillers, c'est assavoir ung livre de Coustume ainsi que ung livre de Croniques, iceulx livres rangés et travaillez par noble et scientifique personne sire Mahiet Deschamps, conjointement avec les présentans, dont sont très prochains parens et amis ; lesquels livres de pelles, parchemin de vellin, en escriptures de impression, en plusieurs parties, offerts et présentéz en plain burel, par vénérables et prudes hommes sires Pierre Lallemant, Jehan Lallemant, Guillaume Lallemant, et Robin Lallemant, d'ancienne lignée et noble nativité de la dicte ville, lesquels, par et au rapport de l'œuvre d'impression qu'ils offrent, au nom de sire Richart Lallemant, escuier, Sʳ de Caron, et en considération de ce que eulx et leur dit feu prouchain Richart, naguère allé de vie à trespas, plain de dessein et congnoissances et dispositions, pour procurer lumière, et donner aux hommes nécessaires congnoissances des sciences, et fachiliter la bonne invention et établissement, pour le faict de impression, en icelle ville de Rouen, que tousjours eulx et leurs devanciers ont eu en singulière recommandation et bonne amitié, et pour la quelle ont aspre affection, moult prouvé par les offices de toutes belles sortes et manières dont ont eu estat, tant en la dite communauté de ville, que en l'Eschiquier, et ès autres cours audit lieu de Rouen, et autres plusieurs fonctions et services de guerre, ont entreprins se signaler pour le soustien du dit establissement, en recevant et soutenant, tout ainsi que ils ont fait, maistre Pierre Maufer, qui a quitté icelle ville pour aller vers son prouchain parent Pierre Maufer, et aultres qui ont quitté semblablement pour aller à Paris et autres lieux, et Martin Morin, compaignon d'icellui Maufer, lequel dit Morin étant homme loyal et inventif en la recherche du dit œuvre, que a cueilly ès pays d'Allemaigne, n'avoit, non plus que Maufer, suffisante reisson de biens, lesdits dessus nommés Richard, Pierre, Jehan, Robert et Guillaume, en mémoire du dit pays d'Allemaigne, dont sont issus autres fois, et pour ce que sont iceulx demouréz en icelle ville et icelle Duché de Normandie, du depuis ung certain sire d'Allemaigne qui avoit nom Conterey, de tout grant antiquité, ont voulu avoir honneur, pour leur dessus dit pays, où le dit œuvre de impression prend origine, de ledit œuvre establir en constante demeure en la ville qu'ils habitent; ont reçeu les dessus dicts en leur hostel, en la parroisse de St-Erblant, pour y loger presses et aultres choses à ce nécessaires, et ont, à leur despens, fourny à tous les frais de ce qu'il esconvient faire, selon leurs lumières et grans congnaissances en leur propre avoir, et espéciale inspection au dit gouvernement des ouvraiges de impression, que font toujours faire au nom et devise de ceulx que font besoigner au dit œuvre, et font venir en icellui pays et en leur logeys, voullant se facilliter au dit œuvre; ont demandé assistance de la ville, et que fu octroyé descharge de guet et des aydes, pour les gens, tant bourgeois que tous autres, que ils font besongner, en leur dessus dit hostel, et leurs autres logeys de la paroisse de St-Nicolas, et autres logeys, où font faire semblablement des ouvraiges en impression, par gens experts auxquels veullent donner moult prouffit et establissement, comme ont donné aux susditz Morin, Maufer et autres, à qui le cas touchoit.

Par quoy, au regard de la dite présentation et requeste, pour plusieurs raisons remontrées, après plusieurs parolles et pourparlers, considéré du tout ce que dessus est, pour fournir à iceulx et les ayder aucunement à faire demourer, audit Rouen, gens pour le fait de la nouvelle invention, ainsi que pour le mieux, a esté mis en oppinion qu'il estoit bon de correspondre au bien de la chose publique et audit établissement, qui est pour lumières et sciences et cognoissances humaines; par ce moyen et en faveur que dessus, par tous MM. les conseillers et personnes notables, a été consenty et conclud à satisfaire aux dessusdits Lallemant, pour les gens qu'ilz recueillent en leurs dits logeys, et que ainsi soit accordé d'ores en avant, en gratuité, et par courtoisie, par chacun an, par le temps de XX années, à commanchier du dit jour de cette présente année; et consentent et veullent MM. les conseillers que il soit ainsi, en récompensation et rémunération, le tout exprimé pour la plus grant louange et honneur des devant dits Lallemant, et le bien et plaisir dont icelle ville leur aura grant merchy.

Pour ce que lesdits sires Lallemant demandent, par bonne veue du bien, que plusieurs, tant sortis que à sortir de leurs logeys pour prendre estat à eulx, pour que honorablement vacquent iceulx audit estat que trouvent faveur semblablement, accordé a esté aux autres de ladicte impression, tant nobles que non nobles, mesmes et semblables choses que dessus.

Extrait *du Registre des délibérations de l'hôtel de ville de Rouen, commencé le 24 septembre 1541, f° 197 et suivans.*

Du huitiesme jour de juin mil cinq cent quarante-quatre, en l'assemblée générale de la ville, en l'hôtel commun, devant Jean Moges, lieutenant général, ou étoient présents M. Lallemant conseiller en la Cour de parlement, M. Jubert président aux Généraux, M. Du Réel, Jehan Morieult, Jean et Guillaume Petit, Jehan Roque, Pierre Roque, M. de Villequier et autres notables. Par suite de délibérations dudit jour, sur ce qu'il a été dit pour Jehan et Richard Lallemant en bas aage, au subjet des pertes qu'ils ont faictes par l'établissement de l'imprimerie audit Rouen, ainsi que par le feu dernièrement advenu en la paroisse de Saint-Nicolas; il a été trouvé bon bailler en don et gracieuseté à iceulx enfans Lallemant, fournissement de deux mille livres tournois, et a esté chargé Jehan Petit eulx contracter en l'estat d'imprimerie.

Certificat *délivré par le Duc d'Harcourt, gouverneur de Normandie.*

Anne-Pierre, duc de Harcourt, pair de France, comte de Lillebonne, garde de l'oriflamme, chevalier des ordres du Roy, lieutenant-général de ses armées, gouverneur et son lieutenant-général en la province de Normandie, certifions à tous ceux qu'il appartiendra, qu'il est de notoriété publique que la famille Lallemant, de Rouen, reconnue par actes d'assemblées générales des principaux notables des divers états de la dite ville, tenues en 1494 et 1544, pour être d'une noblesse de toute grande antiquité, s'est maintenue jusqu'à ce jour dans un état qui n'a altéré en rien la noblesse de cette famille, et que Messieurs Lallemant ont toujours conservé noblement et avec distinction le droit d'imprimerie qui leur a été contracté par la capitale de la Province, comme un monument des services que leurs ancêtres avaient rendus à la ville de Rouen et province de Normandie, en procurant cet établissement. En foi de quoi nous avons délivré le présent, pour servir et valoir ce que de raison. A Harcourt, le 30 juin 1773. Signé : Duc de Harcourt, et plus bas : Par Monseigneur, Boulié.

Certificat *des notables Habitans de la ville de Rouen, du 15 juin 1773.*

Nous soussignés, certifions qu'il est de notoriété publique que la famille Lallemant, de Rouen, reconnue par actes d'assemblées générales des principaux notables des divers états de ladite ville, tenues en 1494 et 1544, pour être d'une noblesse de toute grande antiquité, s'est maintenue jusqu'à ce jour dans un état qui n'a altéré en rien la noblesse de cette famille, et que MM. Lallemant ont toujours conservé noblement et avec distinction le droit d'imprimerie qui leur a été contracté par la capitale de la province, comme un monument des services que leurs ancêtres avoient rendu à la ville de Rouen et province de Normandie, en procurant cet établissement. En foi de quoi nous avons délivré le présent pour servir et valoir ce que de raison, ce quinze juin 1773. Signés : [1] Jacques-Teneguy Levenneur, comte de Tillieres; Armand-Thomas-Hüe de Miromesnil; François-Henry de Harcourt, marquis de Beuvron, comte de Lillebonne; Anne-François d'Harcourt, marquis de Beuvron; Louis-Charles, comte de Moy; Claude-Sibille-Thomas-Gaspard-Nicolas-Dorothée de Roncherolles; Michel-Charles-Dorothée de Roncherolles, marquis de Pont-Saint-Pierre; Vuturnien-Jean-Baptiste-Marie de Rochechouard, duc de Mortemart; Claude-Constance-

---

[1] Pour l'orthographe des noms propres, nous avons scrupuleusement suivi le document manuscrit.

Cæsar, comte de Houdetot; Louis-François d'Herbouville, de Saint-Jean-du-Cardonnay; Thomas-Antoine-Cavelier de Clavelles, lieutenant de MM. les maréchaux de France, du département de Rouen; Adrien-François-Charles-Marie de Houdetot; Jean-Léon de Thiboutot; Jean-Léonor Dubosc de Radepont; Charles-François-Gaspard-Fidèle de Vintimille; André-Michel-Alexandre Dupœrier, chevalier, comte Damreville; Adrien-Robert de Fremont, marquis de Charleval; l'abbé de Belbeuf, vicaire général de Pontoise; Jacques-Etienne Dumesnil, marquis de Sommery; Anne-Louis, marquis de Mathan; Siméon Cavelier de Tourville; Pierre-Constantin le Vicomte, comte de Blangy; Jean-Jacques-Philippes de Vielz-Maisons, marquis de Vielz-Maisons; Anne-Louis-Roger de Becdelièvre, marquis de Cany; Henry-Pomponne Gaillarbois, chevalier de Marconville; Allain-Louis Dauvet; Louis d'Etampes, marquis de Mauny; Denis-Michel-Eléonor, comte de Gamaches; Hector-Joseph d'Etampes, marquis de Valençay; Olivier-Pomponne, comte de Ruppierre; François-Pierre-Marie-Joseph-de-Boniface du Réel, chevalier de l'ordre de Saint-Jean de Jérusalem; Claude de Saint-Simon, chevalier, grand-croix de l'ordre de Saint-Jean de Jérusalem, commandeur de Saint-Etienne de Renneville; Louis-Claude, comte De la Pallu; Marie-Louis-Henry Decorches de Sainte-Croix; Louis-Elisabeth de Pardieu; Charles-Joseph De la Pallu; Charles-Pierre de Bailleul; Nicolas-Thomas Hüe, comte de Miromesnil; Charles-Amable Hebert de Bauvoir; Charles-Gabriel, comte de Merle; Henry de Lambert, marquis de Thibouville; Adrien-Jacques-Etienne, comte de Malderrée, seigneur de Catheville et autres lieux, officier aux gardes françaises; Michel-Charles-Louis de Biencourt-Poutrincourt; François-Mathieu de Ruppierre, vicaire général de l'archevêché de Bordeaux; Antoine-Louis, comte de Marle; Charles-David Godefroy de Senneville; Charles-Marin-André-Quintanadoine de Betteville; Marie-Pierre-Auguste Langlois, chevalier de Criquebeuf; Antoine-Robert Desmalleville, marquis Desmalleville; François-Louis Leseigneur de Reuville; Charles Leseigneur de Maisons; Nicolas-Isambart Busquet de Caumont; Nicolas-Philippe-Auguste Ango, chevalier de Lezeau; Raoul de Sonning, chevalier, seigneur de Lignon, seigneur de Sorquainville; Remy-Charles, marquis de Toustain de Viray; Jean-François de Nogués, comte Dassat, brigadier des armées du roi; Charles-Guillaume-Léonor Dubosc, comte de Radepont; Louis-Emmanuel-Lucas de Saint-Honorine; Louis-Félix-Lucas de Boscourcel;

Jean-Pierre-Prosper Godart de Belbeuf, chevalier, marquis de Belbeuf ;
Robert-François-René Le Sens de Folleville ; Jean-Baptiste-François
Lecordier de Bigards, marquis de la Londe ; Gilles-Louis Hallé, comte de
Rouville, président du parlement de Normandie ; Nicolas-Michel d'Os-
mond, abbé de Claire-Fontaine ; Pierre-Louis-Costé Dumesny, chevalier,
seigneur et patron de Triquerville ; Jean-Robert Bigot, président du
parlement de Normandie ; le vicomte Antoine de Marguerit, marquis de
Marguerit ; Jacques-Adrien Levavasseur, maître des comptes ; Nicolas-
Alexandre Bigot de Sommesnil ; Raoul-Joseph de Vigneral ; Pierre-Fran-
çois-Claude-Guy Duval de Cerqueux ; Jean-François d'Osmont, seigneur de
la Roque, commandant du vieux palais de Rouen ; Jean-Charles Heurtault,
seigneur de Lammerville ; Alexandre-Robert-Emeric Bigot de Sommesnil ;
Jean-Jacques d'Houdemare ; Jean-David de Brossard de Grosmesnil ; Jean-
Charles-Dominique de Croville ; Marie-Joseph Corneille de Beauregard ;
Jean-Baptiste-Louis-Duperré Duveneur ; Nicolas-Jean-Baptiste Bail-
lard Descours ; Charles-Jean-Louis Goujon de Gasseville ; Antoine-Louis
Lecouteulx ; Jacques Chevalier de Vigneral ; Marie-Charles Duhamel ;
Jean-Pierre le Jaulne ; François d'Heugleville ; Léon-Thomas-Charles
Duval de Lescaude ; Jacques-Philippe-Romain Lebas, chevalier, seigneur
de Lyeville ; Louis-Charles Hébert, chevalier, seigneur d'Houquetot ;
Claude-Bernard-Antoine Dufay, comte de Maulevrier ; César-Alexandre
Guilly de Vely ; Antoine-Pierre-Thomas-Louis Caillot de Coquereaumont,
président de la chambre des Comptes, cour des Aides de Normandie ;
Jean-Baptiste-Guillaume Haillet de Couronne, lieutenant-général crimi-
nel et président au présidial de Rouen ; François d'Hérambourg, ancien
capitaine aide-major du régiment de Bretagne ; Pierre-Louis-Gérome
Duval de Lescaude ; Nicolas-René Le Page de Saint-Arnoult ; Adrien-
François Langlois de Louvres ; Claude Guillebon de Neuilly ; Charles
Thimoléon Ledain d'Esteville ; Pierre-Barthélemy-Henry Ledain de
Touffreville ; François Poterat de Saint-Sever ; Charles-Gérome de
Martinville d'Estouteville, marquis d'Eudemare ; Charles-François Tous-
tain, marquis de Limesy ; Gilles-René-Jean-Guillaume de Mauduit de
la Rosière ; Isambart-Nicolas-Chevalier Busquet ; Louis Lecordier de
Bigards de la Heuse ; Robert-Hector-Joseph Carié du Gravier ; Charles-
François de Campulley ; Charles-Jean-Baptiste-Prosper Deschamps ;
Louis-Claude Baillard de Guichenville ; Jacques-Augustin Baillard
Diclon ; Claude-Hebert-Jean-Baptiste Cotton des Houssayes, chanoine

de l'église de Rouen et prieur du Prieuré royal de l'Etton; Jean-Pierre-Adrien-Augustin Lepezant de Bois Guilbert; Benigne Poret de Blosseville, procureur-général de la cour des Comptes, Aides et Finances de Normandie; Charles-Marie-Joseph Aprix de Morienne, exempt des gardes du corps du roi; Pierre-Marc-Antoine de Languedor, marquis de Becthomas, président du parlement de Rouen; Jacques Delaunoy de Bellegarde, conseiller au parlement de Normandie; Louis-Jacques-Joseph-Frontin Du Tot; Nicolas Lesperon d'Anfreville, capitaine au regiment de Nivernois; Nicolas-Alexandre de Bonissent, prêtre, chanoine de Rouen, conseiller clerc au parlement de Normandie; et Charles-Barthelemy-Denis de Pillon de la Tillais; avec et sans paraphes.

Certificat *du Maire et des Echevins.*

Nous conseillers, maire et échevins de la ville de Rouen, certifions que l'énoncé aux actes des années mil quatre cent quatre-vingt-quatorze et mil cinq cent quarante-quatre, cités dans l'acte de notoriété ci-dessus, signé par les seigneurs et gentils hommes de cette ville et province, est conforme aux dits actes, tels qu'ils se trouvent relatés dans les anciens registres des délibérations de cet hôtel de ville; et nous joignons par le présent notre témoignage public sur la notoriété reconnue de tout ce qui est énoncé audit acte de notoriété, concernant Messieurs Lallemant et leur famille. En foi de quoi nous avons signé le présent, ycelui fait contresigner par le greffier-secrétaire de cette ville, et y avons fait apposer le sceau aux armes d'ycelle, pour valoir et servir ce qu'il appartiendra.

Donné à Rouen, au bureau de l'Hôtel-de-Ville, le deux de juillet, mil sept cent soixante-treize. Signé : Lecouteulx, Malfilastre, Lebourgeois de Belleville, Jean-Nicolas-Ribard, Levieux, P. L. Lézurier, Durand, procureur du roi, et Desmarest, greffier secrétaire, avec chacun un paraphe; plus bas est un sceau aux armes de la ville de Rouen, empreint sur cire rouge. Registré ès registres de la cour des Comptes, Aides et Finances de Normandie, au bureau des Aides, ce requérant le procureur général du roi, pour, par les dits sieurs Lallemant, jouir de l'effet et contenu d'ycelui, aux termes de l'arrest de ladite cour, rendu, les Bureaux assemblés en celui des Aides, cejourd'hui dix sept juin, mil sept cent soixante seize.   *Signé* Dommey.

SUR LES DEUX DOCUMENS PRÉCÉDENS.

L'OISON BRIDÉ.

Il n'est personne qui, en feuilletant nos vieux historiens de Rouen, Farin par exemple, dans sa naïveté primitive, où Farin retouché et gâté par Le Lorrain, par Dom Ignace ou Du Souillet; il n'est personne, dis-je, qui, dès les premières pages [1], n'ait été frappé de cette redevance singulière à laquelle étaient assujétis les moines de Saint-Ouen, et qui consistait à faire hommage, chaque année, à la mairie de Rouen, représentée par les fermiers de ses moulins banaux, d'un oison bridé et enjolivé de rubans de soie, *marchant par terre*, et escorté en grande pompe, au son des instrumens, depuis l'abbaye jusqu'à la rue Caquerel, où étaient situés les moulins de la ville; le tout accompagné d'une certaine quantité de comestibles, bases d'un solide repas, sur l'emploi duquel nous ne trouvons point de renseignemens dans nos archives, mais qui, nous n'en saurions douter, ne dut jamais manquer de consommateurs. En retour de cette galante offrande, qui devait être réitérée chaque année, le dimanche qui suivait la fête de saint Barthélemy, les moines touchaient, sur le produit des moulins, 80 livres de rente; et, si nous pouvons induire, des termes de la sentence que nous publions, qu'ils s'efforcèrent parfois de laisser tomber en désuétude la redevance de l'Oison bridé, nous ne saurions, en revanche, en conclure qu'ils eussent jamais négligé de palper la rente.

Déterminer l'origine et le motif de cette bizarre servitude, serait fort difficile aujourd'hui, si tant est qu'on parvint jamais à indiquer un motif plus recevable que le caprice du fondateur de la rente; espèce de raison suffisante dont on possède déjà, d'ailleurs, tant d'autres exemples, dans ces innombrables

[1] Farin, t. I, c. VIII, p. 36.

redevances féodales, exorbitantes ou burlesques, dont presque toutes les anciennes concessions étaient grevées, et que l'Assemblée Nationale fit disparaître, avec un seul article de loi. Qui n'a pas entendu parler de ces stipulations de *chapels* de roses à Noël, de paniers de raisins frais à la Pentecôte, voire même de ce plat de neige à la Saint-Jean d'été, que certains vassaux de l'abbesse de Remiremont devaient lui payer tous les ans; ou, faute par eux de s'acquitter en cette fragile monnaie, de la délivrance du taureau blanc, qui pouvait en tenir lieu; alternative ingénieuse et tout à fait charitable, sans laquelle ces pauvres vassaux n'auraient pas manqué de tomber souvent en forfaiture? Celui qui saurait expliquer aujourd'hui le motif et l'origine de ces ridicules redevances d'une alouette voiturée, devant la porte du seigneur, avec un charriot à deux bœufs, ou mieux encore de ces trois œufs péniblement traînés sur un charriot attelé de six bœufs, et descendus au perron du manoir féodal, à grand renfort de bras, de cordages et de leviers, ni plus ni moins que s'il se fût agi de l'obélisque de Luxor; celui, dis-je, qui pourrait expliquer toutes ces folies, nous donnerait sans doute le mot de l'énigme de l'*Oison bridé*. S'il se rencontre un interprétateur, qu'il parle : nous voici prêts à l'écouter.

Que les moines de Saint-Ouen aient désiré se voir dispensés de la cérémonie bouffonne, condition de rigueur à laquelle était attaché le paiement de leurs 80 livres de rente, cela se conçoit facilement : c'était, chaque année, nouvelle occasion de tumulte, *d'irrisions et moqueries* (ce sont les termes de leur réclamation), et où sans doute les pauvres moines n'étaient pas épargnés. Ils sollicitèrent donc d'être délivrés de cette servitude, offrant toutefois de continuer de livrer, comme par le passé, mais à huis clos et sans bruit, l'oie enrubannée, les deux miches de pain, les deux cruches de vin, les deux gros poulets, les pièces de bœuf et de lard à l'avenant, et les deux plats de *pets de prude-femme*, que Farin appelle plus modestement des *beignets*. Les fermiers des moulins de la ville se montrèrent de facile composition sur cette demande, et une sentence du bailli, conciliant le tout, mit les parties hors de cour et de procès, le 7 septembre 1602. — Ainsi les bons et vieux usages s'éclipsent et s'en vont; ainsi les saines traditions se perdent, et les empires marchent rapidement vers leur décadence. Qui doute que si l'abbé Barruel eût connu cette fatale concession du pouvoir, il ne l'eût classée au rang des causes éloignées, mais principales, de la révolution française?

<hr>

LETTRES PATENTES EN FAVEUR DE RICHARD LALLEMANT.

De la cessation d'un usage ridicule à l'institution d'un magnifique privilège, des termes semi-burlesques de la sentence du bailli de Rouen à la reconnaissance, en quelque sorte anticipée, des immenses services rendus par la presse à la cause de la civilisation, la transition est un peu brusque; mais le cadre de notre recueil rétrospectif admet ces contrastes inopinés, et c'est de la variété surtout que doit naître l'intérêt. Quand bien même les lettres-patentes accordées à la famille Lallemant ne constitueraient pas un document des plus importans pour l'histoire des origines de la typographie rouennaise, nous éprouverions encore le désir de les faire connaître, ne fût-ce que pour mettre en lumière ces nobles et belles paroles du préambule, dans lesquelles on croit sentir respirer cette généreuse et libérale philantropie qui signala les premiers actes du gouvernement du malheureux Louis XVI. Le lecteur fera, au reste, facilement justice d'une assertion hasardée, émise dans ce préambule, et qui attribuerait à tort à la ville de Rouen l'honneur d'avoir, la première en France, accueilli l'art naissant de l'imprimerie, puis de l'avoir ensuite propagée dans les autres villes du royaume. Cette gloire appartient incontestablement à la ville de Paris, et ne saurait lui être ravie. En admettant même la première édition du *Coustumier de Normendie* comme impression rouennaise, et sa date de 1483 comme celle de l'exécution du volume, douze autres villes de France pourraient encore montrer des impressions plus anciennes sorties de leurs presses [1]. Il est donc évident que le rédacteur de l'arrêt du conseil a, dans cette occasion, forcé le sens des termes de la décision du corps municipal de la ville de Rouen, en date du 16 juin 1494, à laquelle d'ailleurs il ne fait que se référer, pour appuyer son assertion.

Si l'on a comparé, non sans quelque justesse, la découverte de l'imprimerie, dans le XVe siècle, à la révélation d'une foi nouvelle qui allait bientôt illuminer et subjuguer le monde, rien aussi ne saurait être plus exactement assimilé à un apostolat religieux et inspiré, que la mission de tous ces pieux ouvriers allemands qui, après avoir contemplé les miracles de l'art divin à son berceau, partaient successivement de Mayence, de Bamberg, de Strasbourg, pour aller de ville en ville, et souvent même de bourgade en bourgade, répandre et propager, jusqu'aux extrémités de l'Europe, les bienfaits de cette autre BONNE NOUVELLE. Certes, ce serait une histoire bien neuve et bien intéressante à écrire, même après les milliers de volumes consacrés à l'établissement de l'imprimerie, que celle qui contiendrait, non la sèche nomenclature des titres d'ouvrages et des dates d'éditions *incunables*, mais bien le tableau philosophique et animé des vicissitudes et des labeurs de ce compagnonage entreprenant et voyageur, des luttes et des triomphes de cette confrérie militante d'un Ordre nouveau, sans statuts et sans général. Infatigables ouvriers d'une œuvre mystérieuse et providentielle, dont la grandeur échappait sans doute à leurs calculs, et la fin à leur prévoyance, ces hommes s'expatriaient, sans soupçonner qu'avec ce léger bagage qu'ils emportaient avec eux : quelques milliers de caractères, la vis et le barreau d'une presse, ils marchaient à la conquête du monde des intelligences ; et que, sans autres armes que ces feuilles magiques qu'ils semaient sur leur passage, ils feraient crouler, sans coup férir, le colosse des institutions du moyen-âge, et saperaient le vieil édifice de la papauté.

Qui retrouvera, ensevelis sous la poussière des archives des villes, dans les rayons inexplorés des grandes bibliothèques, les souvenirs aujourd'hui effacés,

---

[1] Elles sont citées dans Petit Radel, *Bibliothèques anciennes*, p. 206.

si ce n'est au titre de leurs ouvrages, des sublimes travaux des Krantz, des Ge-
ring, des Friburger, des Sweynheim, des Pannartz, des Ulric Zell, et de tant
d'autres ardens missionnaires de l'imprimerie, célèbres ou obscurs, connus ou
inconnus! Qui s'efforcera de rassembler les titres de gloire, également disper-
sés, de tant de nos courageux compatriotes, qui, témoins des prodiges opérés
par ces étrangers, brûlèrent de les égaler? Qui racontera leurs aventureux péle-
rinages vers ces contrées d'Allemagne, illustrées par la naissance si obscure de
l'art sans rival? Qui redira les épreuves et les dangers qu'ils durent affronter,
s'il est vrai que, comme le racontent quelques historiens, des villes se flattaient
de réussir à emprisonner, dans l'enceinte de leurs murailles, un secret qui allait
bientôt s'élancer par tout l'univers, et, dans ce fol espoir, se défaisaient trai-
treusement, par le fer ou par le poison, des étrangers qu'ils soupçonnaient avoir
dessein de le ravir? Est-il une mystérieuse histoire plus digne d'être éclaircie
que celle de ce Nicolas Jenson, premier émissaire envoyé, selon la commune opinion, par le cauteleux Louis XI, pour surprendre et rapporter le secret de l'imprimerie? Quelles traverses durent accueillir l'intrépide artiste, dans sa péril-
leuse mission? Comment parvint-il, sans doute après d'innombrables obstacles
et de longues années d'attente, à pénétrer dans ce laboratoire caché où Fust,
aidé de Schœffer, achevait de donner aux caractères toute leur mobilité et leur
précision, et combinait ces *formes* ingénieuses, dans lesquelles allait s'encadrer,
figée et durable comme le métal, l'insaisissable pensée humaine? Puis, quand
l'artiste, nouveau Prométhée, eut accompli son larcin et dérobé le flambeau sa-
cré, par quelles circonstances inexplicables, par quel retour inattendu trahit-
il, à la fois, sa mission et sa patrie, et courut-il déposer à Venise son précieux
trésor, au lieu d'en doter la France qui en attendait encore le bienfait?

Toutes ces luttes de courage ou d'adresse, tous ces essais, tous ces efforts, cet
esprit de propagande qui s'empara des premiers adeptes de l'art typographique,
l'émotion profonde que la découverte de cet art causa dans le monde moral,
l'universelle acclamation dont elle fut saluée, à sa venue, par les souverains qui
n'en comprenaient certainement pas toute la portée, par les villes qui se dis-
putaient la gloire d'en fixer les bienfaits dans leur sein; toutes ces choses et
tant d'autres, si obscures et si peu débrouillées, attendront probablement
long-temps encore leur historien. Pour nous, nous ne songeons point à entre-
prendre cette tâche, même pour la partie la plus réduite du vaste cadre que
nous venons d'esquisser : pour l'établissement de l'imprimerie à Rouen. Deux ou
trois de nos savans s'occupent, depuis longues années, de l'étude de ces origines, et nous attendons avec confiance le résultat de leurs travaux. Mais le ha-
sard nous ayant fait rencontrer quelques documens précieux qui jettent bien du
jour sur la question, si débattue, de cet établissement, sans toutefois l'éclaircir
complètement, nous nous empressons de le publier. Le haut intérêt de ces pièces,
les inductions précieuses qu'on en peut tirer, et la lumière inattendue qu'elles
projettent sur notre histoire typographique locale, nous ont paru des raisons
suffisantes pour motiver leur publication. D'ailleurs, ne fissent-elles que venir en
aide aux savans qui, depuis long-temps, nous promettent l'histoire complète de
l'imprimerie normande et rouennaise, ce secours, offert à leurs laborieux
efforts, nous paraîtrait encore un assez avantageux résultat.

Aucun point d'histoire n'est resté , jusqu'à ce jour , plus obscur , plus enveloppé de ténèbres et de doutes , que les premières circonstances de l'établissement de l'imprimerie dans la ville de Rouen. Cet art se révèle tout-à-coup , nationalisé et florissant, dans l'année 1487, par la publication d'une première édition de la *Chronique de Normandie* , que met au jour Guillaume Le Talleur; dans l'année 1488 , par l'impression d'un *Missel à l'usage de Séez* , ouvrage du même imprimeur (Brunet, *Supp.* III, 438) ; par celle du *Roman d'Artus* , sorti des presses de Jehan Le Bourgeois (Maittaire , I, 495) ; par une édition de l'*Exemplaire de Confession* , duc à Jacques le Forestier (Panzer , II , 559) , et enfin, dans les années suivantes , par les travaux simultanés des Jean Richard, des Noël de Harsy , des Martin Morin et de beaucoup d'autres. Certes, on n'oserait avancer que cet art, dont la culture s'annonçait par tant et de si magnifiques productions , résultats d'entreprises rivales, en était encore à ses premiers essais. Aussi tout le monde est-il tombé d'accord qu'il fallait remonter plus haut pour trouver le premier établissement de l'imprimerie à Rouen. A la vérité, il existe un admirable *Coutumier de Normandie* , portant la date de 1483 , que l'opinion commune suppose sorti d'une presse rouennaise ; mais, comme cette date éprouve elle-même des objections fondées , et que , d'ailleurs , ce livre ne porte ni désignation de ville , ni nom d'imprimeur , il ne peut, jusqu'à plus amples renseignemens , fournir d'autorité pour résoudre la question.

D'un autre côté , voici un historien de l'imprimerie , De la Caille , qui affirme (p. 39) que cet art aurait été introduit , en 1476, à Rouen, par Pierre Maufer , natif de cette ville , lequel, avant de s'établir à Rouen , aurait déjà imprimé à Padoue ; cet écrivain ajoute même que la première production de cette première presse rouennaise serait un *Traité des Minéraux* , d'Albert-le-Grand. Mais il est évident que De la Caille , qui a emprunté ce renseignement à Gabriel Naudé (*Addition à l'Histoire de Louis XI* , p. 305), s'est grossièrement mépris en se l'appropriant ; car Naudé explique nettement que c'est à Padoue, et non à Rouen, que fut imprimé , en 1476, ce traité d'Albert-le-Grand. Voici ses expressions : « Il y eut encore un Pierre Maufer , françois de nation et citoyen de Rouen , qui « porta l'imprimerie à Padoüe, où il imprima, l'an 1474, la *Physionomie* du « Conciliator Pierre d'Apono, et, l'an 1476..... le *Traité des Minéraux* d'Albert- « le-Grand , en grand in-folio. » L'assertion de Naudé est confirmée par celle du plus exact des annalistes de la typographie , de Maittaire (I, 360), qui, rapportant à sa date précise et à son véritable lieu d'impression le *Traité des Minéraux* , relève, en termes assez durs , la bévue de notre infidèle bibliographe.

Ce n'est pourtant pas la seule erreur que De la Caille ait commise à propos de Pierre Maufer ; car, dans un autre endroit (p. 31), après avoir avancé que cet imprimeur publia le *Digeste* en 1479, à Padoue, il ajoute que *quelques années après il fut à Rouen , et de là à Véronne*. Or, comment concilier cette assertion, et ce laps de plusieurs années , nécessaire, au reste, si l'on admet ces mutations d'établissement, avec la date de 1480 que porte le *Josèphe* , imprimé par Pierre Maufer , à Vérone, date relatée pourtant par De la Caille lui-même, à la page précédente de son ouvrage ?

Mais il est inutile de s'appesantir davantage sur ces contradictions et ces méprises d'un historien que ses inexactitudes ont , d'ailleurs , depuis long-temps discrédité. Il est évident que la date qu'il fixait à l'établissement de l'imprimerie à Rouen, étant le résultat d'une citation fautive, ne peut obtenir ni confiance ni autorité.

Cependant, par quelle bizarre coïncidence se fait-il que, tout en s'égarant bien positivement dans le dédale de ses assertions sans fondement réel, De la Caille se soit pourtant approché plus que personne de la vérité, en avançant que Pierre Maufer était l'un des fondateurs de l'imprimerie rouennaise ? Car le document que nous avons annoncé vient prêter un appui désormais irrécusable à cette vague allégation, et la changer en certitude. Pour expliquer cette singularité, il faut absolument admettre que notre historien, aidé de quelques renseignemens authentiques, a entrevu la vérité, mais n'a pu la dégager entièrement ; ou bien, il faut convenir que, dans son ignorance, il l'a fortuitement rencontrée, avec un rare bonheur.

Mais il est temps d'arriver à la pièce dont la publication fait, avec les lettres-patentes en faveur de la famille Lallemant, l'objet principal de cette notice. C'est une délibération du corps municipal de la ville de Rouen, en date du 16 juillet 1494. Ce document possède tous les caractères d'authenticité qu'on peut désirer en semblable matière, car il est littéralement extrait des registres originaux de l'Hôtel-de-Ville, où s'inscrivaient, jour par jour, les délibérations de la communauté des Échevins ; en outre, sa date, postérieure au plus d'une quinzaine d'années à l'époque que l'on peut approximativement supposer la plus voisine de l'établissement de l'imprimerie dans nos murs, laisse, aux faits relatés dans cet acte, toute la garantie morale qu'assure une tradition récente et non altérée par la transmission [1].

Du mercredi 16ᵉ jour de juillet 1494, devant Sire Pierre Daré, lieutenant, et MM. les conseillers et notables bourgeois.

Délibéré fu pour et au regard de la présentation et donation qui fu faicte à MM. les conseillers, c'est assavoir ung livre de Coustume ainsi que ung livre de Chroniques, iceulx livres retrempez (*retouchés*) et travaillez par noble et scientifique personne sire Mahiet Deschamps, conjointement avec les présentans, dont sont très prouchains parens et amis ; lesquelz livres de pelles (peaux), parchemin de vellin, en escriptures de impression, en plusieurs parties, offerts et présentez en plein burel, par vénérables et prudes hommes sires Pierre Lalemant, Jehan Lalemant, Guillaume Lalemant, et Robin Lalemant, d'ancienne, légitime

---

[1] Quoique la transcription de ce document, d'après les registres originaux de l'Hôtel-de-Ville, mise en regard de la copie extraite des registres du Parlement, déjà insérée parmi les pièces précédentes, n'offre que peu ou point de variantes importantes, nous avons cru cependant devoir répéter ce texte, pour qu'on en saisisse mieux le sens, en le comparant aux interprétations qui vont suivre.

et noble nativisté de ladicte ville, lesquelz, par et au rapport de
l'œuvre d'impression qu'ils offrent, au nom de feu Richart Lalemant, escuier, Sr du Capon, en considération de ce que eulx et leur feu prouchain Richart, naguère allé de vie en trespas, plain de desseins et congnoissances et dispositions, pour procurer lumière, et donner aux hommes
nécessaires congnoissances des sciences, et fachiliter la bonne invention
et establissement, pour le faict de impressions en icelle ville de Rouen,
que tousjours, eulx et leurs devanciers, ont eu en singulière recommandation et bon amour, et pour laquelle ont aspre affection, moult
prouvé par les offices de toutes belles sortes et manières dont ont eu
estat, tant en ladite communaulté de ville que en l'Eschiquier et ès autres
cours, au dit lieu de Rouen, et aultres plusieurs fonxions et services de
guerre, ont entreprins se singulariser par le soustien dudit establisse-
sement, et en recevant et soustenant, tout ainsi que ilz ont fait, maistre
Pierre Maufer, qui a quitté icelle ville pour aller vers son prouchain parent Pierre Maufer, et aultres qui ont quitté semblablement pour aler
à Paris et aultres lieux, et Martin Morin, compaignon d'icelui Maufer,
lequel dit Morin estant homme loyal et inventif en la resserche dudit
œuvre, que a cueilli ès pays d'Allemaigne, n'avoit, non plus que Maufer,
suffisantes sommes de biens, les dessusdits nommés Richart, Pierre,
Jehan, Robert et Guillaume, en mémoire dudit pays d'Allemaigne, dont
sont yssus autres foys, et pour ce que sont iceulx démouréz en icelle
ville de icelle duchié de Normandie, du despuis ung certain sires
d'Allemaigne qui avoit nom Conterey, de tout grant antiquité, ont
voulu avoir honneur, pour leur dessusdit pays, où ledit œuvre
d'impression prend origine, de ledit œuvre establir en coustumière
demeure en la ville qu'ilz habitent; ont reçeu les dessusdicts en
leur hostel, en la paroisse Saint-Erblanc, pour y logier presses et
aultres choses à ce nécessaires, et ont, à leurs despens, fourni à tous
les fraiz de ce qu'il esconvient, faisant selon leurs lumières et grant
congnoissance en leur propre avoir, et espécialement inspection audit gouvernement des ouvraiges de presse, que font tousjours faire
au nom et devise de ceulx que font besongner audit œuvre, et font
venir en icellui pays et eu leur logeys, voulant se faciliter audit œuvre;
ont demandé assistance de la ville, et que fu ottroyé descharge de
guet et des aides, pour les gens, tant bourgois que tous autres, que ilz
font besogner, en leur dessusdit hostel, et leurs aultres logeys de la pa-

roisse Saint-Nicolas, et aultres logeys, où font faire semblablement des ouvraiges en impression par gens expers auxquelz veullent donner moult prouffit et establissement, comme ont donné aux susdictz Morin, Maufer et autres, à qui le cas touchoit.

Par quoy, au regard de ladite présentation et requeste, par plusieurs raisons remonstrées, après plusieurs parolles et pourparlers, considéré du tout ce que dessus est, pour fournir à iceulx et les aider aucunement à faire demourer, audit Rouen, gens pour le fait de la nouvelle invention, ainsi que, pour le mieulx, a esté mis en oppinion, qu'il estoit bon de correspondre, pour le bien de la chose publicque et dudict establissement, qui est pour les lumières et science et congnoissances humaines, par ce moyen et tous autres que dessus, par tous MM. les conseillers et personnes notables, a esté consenti et conclud à satisfaire aux dessusdictz Lalemant, pour les gens qu'ilz recueillent en leurs logeys, et que ainsi soit accordé d'or-en-avant, en gratuité, et par courtoisie, par chacun an, par le temps de xx années, à commancher dudit jour de ceste présente année ; et consentent esguallement MM. les conseillers que il soit ainsi, en récompensation et rénumération, le tout exprimé pour la plus grant louange et honneur des devantdits Lalemant, et le bien et plaisir dont icelle ville leur aura grant merchy.

Pour ce que lesdits sires Lalemant demandent, par bonne veue du bien, que plusieurs, tant sortis que à sortir de leurs logeys pour prendre estat à eulx, pour que honnourablement vacquent iceulx audit estat que trouvent faveur semblablement, accordé a esté aux autres de ladicte impression, tant nobles que non nobles, mesme et semblable chose que dessus.

Ce document, que nous avons reproduit dans tout son archaïsme littéral, avec sa phraséologie redondante et prolixe, qui s'embarrasse et trébuche, à chaque pas, dans les replis sans nombre d'une interminable déduction, aura, pour beaucoup de nos lecteurs, besoin d'interprétation ; c'est ce qui nous engage à en présenter l'analyse.

Il résulte de cette délibération que quatre frères d'une famille nommée *Lalemant* ou *Lallemant*, parce qu'elle reconnaissait pour auteur un nommé Contercy, originaire d'Allemagne [1], sont venus présenter au conseil municipal de la ville de Rouen, tant en leur nom qu'au nom de leur proche parent Richard Lalle-

[1] Sire Henry le Contercy, surnommé Lalemant.

mant, sieur du Capon, récemment décédé, un *Coutumier* et une *Chronique* imprimés sur vélin, ouvrages compilés et édités par eux et par un sieur Mahiet Deschamps; que cet échantillon de leurs travaux est destiné à établir que c'est par leurs soins et à leurs frais que l'imprimerie a été importée à Rouen; à cause de quoi ils réclament, pour eux et pour tous ceux qu'ils font travailler sous leur direction, aux diverses œuvres d'imprimerie, l'obtention de certains privilèges et exemptions ; ce que la ville leur accorde.

Pour établir leurs droits à la priorité de l'importation, ils allèguent — toutefois sans en apporter d'autres témoignages que la notoriété publique, ce qui indique que ces circonstances, récentes encore, étaient à la connaissance de tous, — qu'eux-mêmes, ainsi que leur parent Richard Lallemant, *homme plain de desseins et dispositions pour procurer lumière, et donner aux hommes nécessaires congnoissances des sciences*, tant à cause de l'affection qu'ils portèrent toujours à la ville de Rouen, leur patrie adoptive, qu'en mémoire du pays d'Allemagne dont ils sont anciennement issus, *et où ledit œuvre d'impression prent origine.., ont entreprins se singulariser par le soustien dudit établissement..., et ont voulu avoir honneur de ledit œuvre establir en coustumière demeure, en la ville qu'ilz habitent.*

Ils rappellent, à l'appui de ces énonciations, qu'ils ont reçu et soutenu *maître Pierre Maufer*, qui a quitté Rouen pour aller rejoindre son proche parent Pierre Maufer [1]; qu'ils ont également défrayé *Martin Morin*, compagnon de Maufer, *homme loyal et inventif, en la resserche de l'œuvre d'imprimerie*, qu'il avait été *cueillir ès pays d'Allemaigne*, et beaucoup d'autres qui sont allés porter leurs talens à Paris et ailleurs ; que Maufer et Morin, dépourvus de ressources suffisantes, ont trouvé, dans la famille Lallemant, assistance et patronage ; que l'hôtel commun de cette famille, situé paroisse Saint-Herbland, leur a été livré pour y établir leurs ateliers ; et enfin que c'est aux frais de cette dernière qu'il a été pourvu aux dépenses que nécessitait un pareil établissement.

Ils ajoutent, en outre, à ces témoignages, l'assertion de ce fait singulier, bien capable d'exercer un jour la sagacité des bibliographes, empressés de retrouver, dans toute la série des anciennes éditions rouennaises, celles que l'on doit à ces fondateurs de l'imprimerie dans notre patrie : c'est que les *ouvraiges de presse* qu'ils font faire, par les imprimeurs qu'ils emploient, ou par les étrangers qui viennent se perfectionner chez eux dans l'art typographique, sont toujours publiés au nom et avec la devise de ceux qui les exécutent. Il est probable que la famille Lallemant crut devoir glisser cette explication dans sa requête, afin d'obvier à l'objection qu'on aurait pu lui faire, qu'aucune de ces éditions primitives, sur lesquelles elle réclamait, en quelque sorte, un droit

---

[1] Pierre Maufer, né à Rouen, porta l'imprimerie à Padoue, où il exerça cet art de 1474 à 1479 ; on le retrouve à Véronne, en 1480 ; à Venise, en 1483. (Voyez Maittaire, *Annales typographiques.*) L'existence de deux imprimeurs du même nom étant maintenant constatée, il se pourrait que les établissemens divers et successifs que nous venons de mentionner, dussent être rapportés, non à une seule et même personne, mais soit à l'un, soit à l'autre des deux imprimeurs homonymes.

général de propriété, ne portait ni sa marque ni son nom [1]. Car ce n'est, en effet, que beaucoup plus tard qu'on voit apparaître et figurer avec éclat, dans l'imprimerie rouennaise, le nom de la famille Lallemant, qui n'a disparu de ses fastes que vers l'époque de la révolution.

Au reste, le privilége que réclamait la famille Lallemant, en récompense de l'éminent service qu'elle déclarait avoir rendu à la ville de Rouen, en la dotant de l'imprimerie, était considérable. Elle demandait que tous *les gens, tant bour-*

[1] Nous publions ici la marque de Martin Morin, (qu'on doit désormais reconnaître et honorer, avec Pierre Maufer, comme les véritables fondateurs de la typographie rouennaise), exactement reproduite au moyen d'une gravure en bois qu'a fait exécuter et qu'a bien voulu nous communiquer M. Aug. Leprevost. Quelquefois cette marque est imprimée tout en noir, mais, plus souvent, et surtout dans le magnifique Missel de 1499, elle est imprimée en rouge, et la tête de maure est seule en noir, au centre de la sphère ou de l'écusson.

Maistre martin morin

geois que tous autres, qu'elle faisait travailler aux ouvrages d'impression, soit dans sa propre maison, soit dans les autres établissemens qu'elle possédait dans la paroisse Saint-Nicolas ou ailleurs, fussent déchargés *du guet et des aides* ; et que cette exemption s'étendît à tous ceux qui quitteraient les établissemens qu'elle avait fondés, pour en fonder de particuliers, à leur compte. L'empressement que met le Corps de ville à concéder ce privilége, pour le temps de vingt années, et les expressions flatteuses dont il se sert pour formuler son acquiescement, témoignent assez du haut intérêt que la ville portait à l'industrie importée par la famille Lallemant, et combien elle considérait le droit de priorité de celle-ci comme incontestable.

Les inductions, les éclaircissemens qu'on pourrait tirer de ce document, pour porter la lumière dans l'histoire si obscure du premier établissement de l'imprimerie à Rouen ; les discussions auxquelles il faudrait se livrer, si l'on rapprochait les résultats qu'on peut en extraire des faits déjà connus, constitueraient la matière d'un travail beaucoup plus étendu que celui auquel nous pouvons donner place dans cette Notice. Nous nous bornerons donc, en quelque sorte, à cette simple *production de pièces*. Que les érudits, qui se livrent à la patiente investigation de nos origines typographiques locales, s'empressent de donner place à cet extrait parmi leurs plus précieux documens justificatifs, qu'ils s'en approprient les résultats, et qu'ils en recueillent le fruit, notre but sera complètement atteint.

Les mêmes registres de l'Hôtel-de-Ville nous fournissent, à l'année 1544, un nouveau document dont la teneur vient confirmer les énonciations du précédent, et prouver que la ville portait toujours un singulier intérêt à cette famille Lallemant, à laquelle elle devait le bienfait de l'imprimerie. Voici cette seconde pièce, transcrite d'après ces registres, pour servir à collationner la copie insérée parmi les documens précédens, et que nous avions donnée d'après les registres du Parlement.

« Le dimanche 8ᵉ jour de juing 1544, en l'assemblée générale de l'hostel
« commun,

« Sur ce qu'il a esté dict pour Jehan et Richard Lallemant, en bas aage, au
« suhgé des pertes qu'ilz ont faictes par l'establissement de l'imprimerie à
« Rouen, ainsy que par le feu dernièrement advenu en la paroisse Sainct-Nico-
« las, il a esté trouvé bon bailler en don et gracieuseté, à iceulx enffans Lalle-
« mant, fournissement de deux mille livres tournois, et a esté chargé Jehan
« Petit eulx conlater en l'estat d'imprimerie. »

Enfin, un registre qui contient des copies d'*Edits et Déclarations*, renferme, sous la date du 20 août 1776, des lettres patentes en faveur du sieur Richard-Gontran Lallemant, écuyer, portant que l'imprimerie restera dans sa famille, à titre de privilége héréditaire, sans déroger à la noblesse, en récompense des services rendus par ses ancêtres à la ville de Rouen, relativement à l'importation de l'imprimerie. Ce sont les mêmes que nous publions en tête de cette Notice, d'après la copie insérée aux registres du Parlement, et dont nous devons, ainsi que pour tout ce que nous avons extrait de ces registres, la communication à l'obligeance de notre ami M. A. Floquet.

A. P.

XIV

ÉTABLISSEMENT
DES FABRIQUES DE SOIERIES
EN FRANCE